OUVRAGE PUBLIÉ SOUS LA DIRECTION
DU SERVICE HISTORIQUE DE L'ÉTAT-MAJOR DE…

ARCHIVES DE LA MARINE

Dick LEMOINE

CAPITAINE DE VAISSEAU EN RETRAITE, ARCHIVISTE DU 4ᵉ ARRONDISSEMENT MARITIME

Répertoire Numérique

DES

Archives de l'Arrondissement Maritime de Rochefort

SÉRIE O

INSTITUTIONS DE RÉPRESSION

PARIS

SOCIÉTÉ D'ÉDITIONS

GÉOGRAPHIQUES, MARITIMES ET COLONIALES

ANCIENNE MAISON CHALLAMEL, FONDÉE EN 1839

17, Rue Jacob (VIᵉ)

1926

RÉPERTOIRE NUMÉRIQUE

DES

Archives de l'Arrondissement Maritime de Rochefort

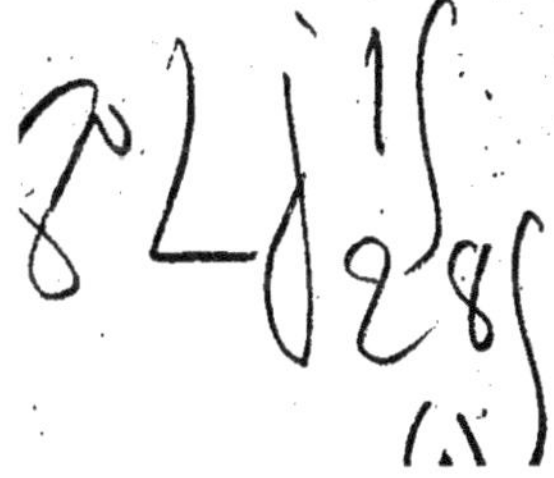

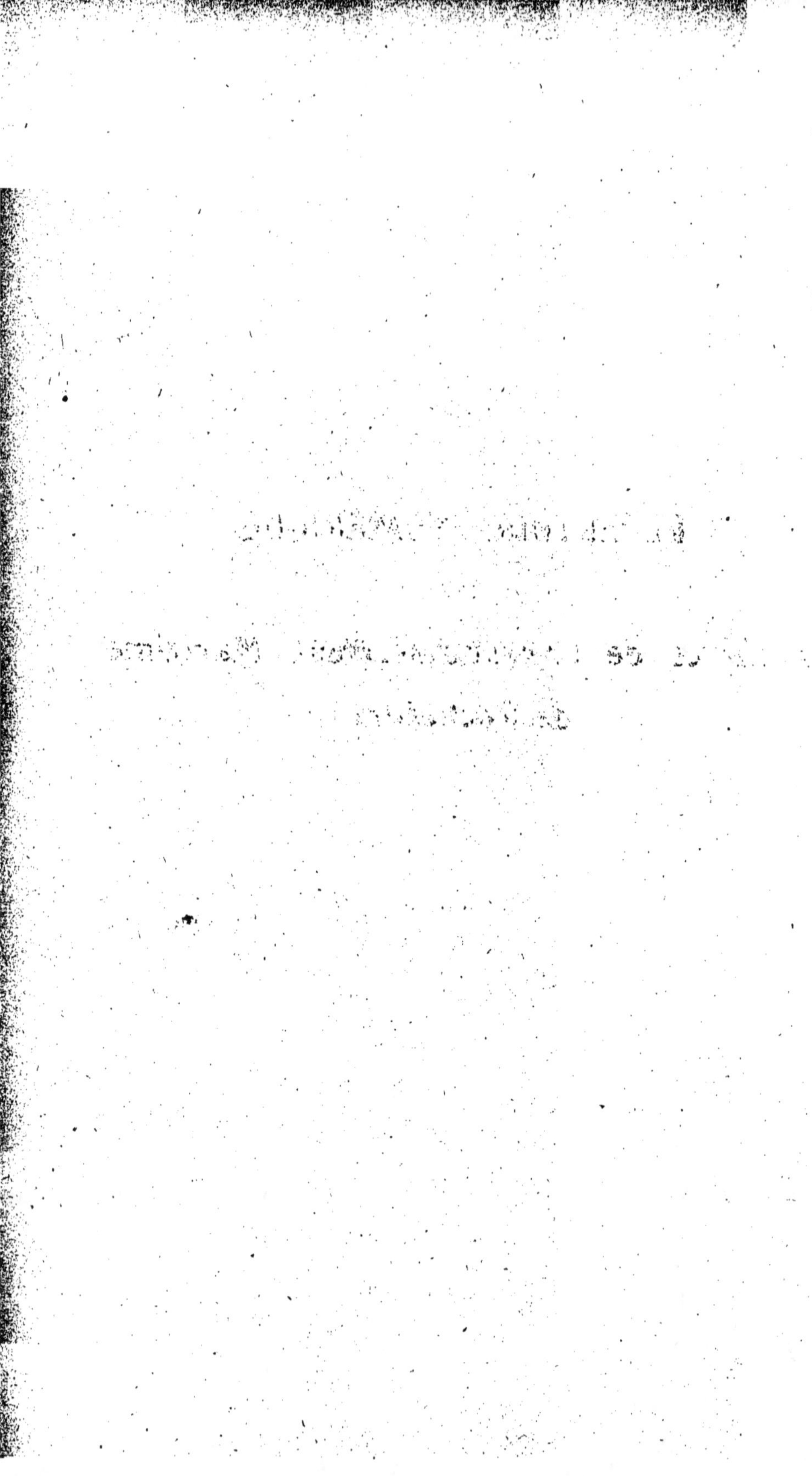

OUVRAGE PUBLIÉ SOUS LA DIRECTION
DU SERVICE HISTORIQUE DE L'ÉTAT-MAJOR DE LA MARINE

ARCHIVES DE LA MARINE

Dick LEMOINE

CAPITAINE DE VAISSEAU EN RETRAITE, ARCHIVISTE DU 4e ARRONDISSEMENT MARITIME

Répertoire Numérique

DES

Archives de l'Arrondissement Maritime de Rochefort

SÉRIE O

INSTITUTIONS DE RÉPRESSION

PARIS
SOCIÉTÉ D'ÉDITIONS
GÉOGRAPHIQUES, MARITIMES ET COLONIALES
Ancienne Maison CHALLAMEL Fondée en 1839
17, Rue Jacob (VIe)

1925

RÉPERTOIRE NUMÉRIQUE
des Archives du 4ᵉ Arrondissement Maritime
SÉRIE O
INSTITUTIONS DE RÉPRESSION

AVANT-PROPOS

La Série O des Archives du 4ᵉ arrondissement maritime comprend 220 articles (203 vol., 17 cartons) répartis entre les trois sous-séries ci-après qui correspondent à autant de fonds.

1 O. — Chiourmes (1715-1853).

2 O. — Maisons d'arrêt et de détention (1719-1903).

3 O. — Conseils de guerre (1810-1821).

Malheureusement il existe dans ces fonds de nombreuses et très regrettables lacunes.

En ce qui concerne les Chiourmes, nous ne possédons rien qui vienne des Galères que Rochefort entretint cependant à la fin du XVIIᵉ et au commencement du XVIIIᵉ siècle ; et pour le bagne beaucoup de documents nous font défaut.

Quant aux documents qui viennent de la Prison maritime, les registres d'écrou n'existent plus et les autres documents, sauf un petit nombre de pièces isolées, ne commencent qu'en 1873 ; les documents antérieurs ont disparu. Nous retrouvons seulement trace des registres d'écrou, 60 volumes envoyés à Toulon par le transport *La Vienne*, en 1903, lors de la suppression de la prison comme Maison de justice, et qui se sont perdus avec ce navire.

Quant à 3 O, il se compose de trois registres seulement, intéressants d'ailleurs et qu'il n'a pas semblé possible de classer à une autre série.

La Prison maritime ayant cessé d'exister officiellement, on

a compris dans le présent répertoire toutes les pièces qui en proviennent, bien qu'elles s'étendent jusqu'à 1903.

Historique. — C'est au début de mai 1766 que la Cour décida d'établir un bagne à Rochefort pour soulager ceux de Brest, de Toulon et de Marseille devenus insuffisants. Les prames la *Sophie* et la *Cunégonde* furent d'abord désignées comme siège de cet établissement; mais, pour mettre ces bâtiments en état, les dépenses parurent si élevées qu'on leur préféra une dépendance du Magasin général, le hangar aux futailles utilisé jusqu'alors par la tonnellerie. L'installation qu'avait dirigée le commissaire Testanière, envoyé de Brest spécialement pour cela, était terminée en septembre et la première chaîne arrivait de Guyenne le 9 octobre ; le 21, un convoi de 400 forçats évacués de Brest venait compléter le nombre de 528 par lequel débuta le nouveau bagne. Le 5 janvier 1767, un Arrêt du Conseil d'Etat donnait à l'Intendant les pouvoirs de justice nécessaires.

Par la suite, le nombre des forçats s'augmenta rapidement et atteignit, par instants, jusqu'à 2.000 hommes. Immédiatement utilisé dans l'Arsenal, le travail des forçats fut précieux au Port constamment surchargé de multiples travaux. Ils remplacèrent entre autres, pour le halage des navires à la cordelle, les corvées qu'on ne recrutait plus que difficilement.

Cette installation ne devait être que provisoire ; pourtant, augmentée à mesure qu'il en était besoin, elle dura aussi longtemps que le bagne lui-même. Au début de 1822, un magasin-atelier de voilerie ayant été établi dans une des salles du Bagne, la caserne Martrou, évacuée par le régiment d'artillerie, fut aménagée en bagne supplémentaire : il y avait alors 1.400 forçats à Rochefort, 700 ou 800 autres étaient attendus. Mais l'inconvénient d'un pareil établissement en pleine ville ne tarda pas à se faire sentir et, dès 1829, il fut supprimé.

Le bagne cessa d'exister à Rochefort en 1852 ; il fut complètement évacué au mois de juin, au grand regret de tous les services de l'Arsenal qui perdaient ainsi une main-d'œuvre abondante et peu coûteuse.

Au début du port, la prison avait été établie dans une dépendance du Château (Intendance actuelle). Mais le voisinage n'en était pas sans inconvénient pour les habitants du château et elle devint très rapidement trop exiguë. Elle servait d'ailleurs à toutes les juridictions, la prison de la ville, établie sous les halles, ne possédant pas de clôture suffisante. En 1737 pourtant, après une quarantaine d'années d'usage par la ville sans que celle-ci contribuât en rien à la dépense, l'Intendant de Beauharnais, excédé de cet abus, demanda que cette maison de détention ne fût plus utilisée par les juges du lieu, les ressources de la ville lui permettant parfaitement de réparer et d'entretenir sa prison.

Peu d'années après, un local suffisamment vaste, isolé, mieux approprié, remplaça la vieille prison. La grande poudrière, bâtie en 1689, en face de la caserne Martrou, avait dû, en effet, être évacuée et les poudres transportées dans l'Arsenal, la proximité des maisons rapidement étendues de ce côté, faisant considérer cet établissement comme trop dangereux. On en fit et c'est encore la prison Saint-Maurice : d'après une tradition, que nous n'avons pas vu confirmer, ce nom lui serait venu, en 1758, de celui d'un archer de la Prévôté dont la rigueur, comme geôlier, était devenue proverbiale.

En 1888 la prison maritime de Rochefort cessa d'être maison de correction, mais fut maintenue comme Maison d'arrêt et de justice. Elle perdit ces deux qualités en 1903 et ne reçut plus que les prévenus et les hommes punis disciplinairement. L'administration et la surveillance en sont actuellement confiées au 4e Dépôt, dont elle est devenue une dépendance.

SÉRIE O

Institutions de Répression [1]

1 O. — **Chiourmes.**

(1715–1853)

*1–*3..... Dépêches ministérielles : copies faites
par le Service des Chiourmes (ordre
chronologique) 1811–1832
Manquent : 1820–1827.

4......... Analyse des D. M. concernant les
Chiourmes 1832

*5, *6 ... Dépêches ministérielles. Copies trans-
mises par le Commissaire général au
Commissaire chargé du Contrôle des
Chiourmes 1835–1838
Tables en tête de chaque vol.

*7, *8 ... Dépêches ministérielles. Copies trans-
mises par le P. M. (2) au Chef du Service des Chiourmes 1842–1844
Tables en tête de chaque vol.

*9–*15... Dépêches ministérielles. Copies trans-
mises par le Commissaire général au
Commissaire chargé du Service des
Chiourmes 1845–1852
Tables en tête de chaque vol.
*12, *14 Dans ces deux vol. les D. M. sont
rangées en sens inverse de l'ordre
chronologique et du numérotage . 1848, 1850

---

(1) Les articles dont la désignation est précédée d'un astérisque sont
des volumes ; les autres sont des cartons.

(2) Les initiales P. M. signifient Préfet Maritime.

*17, *18 . Correspondance du Commissaire chef
     du Service des Chiourmes avec les
     autorités et divers 1812–1819
     Copie de lettres.

*19...... Correspondance du Commissaire chef
     du Service des Chiourmes avec les
     autorités et divers 1832
     Copie de lettres.

*20–*22.. Correspondance du Commissaire chef
     du Service des Chiourmes avec les
     autorités maritimes, militaires et
     civiles 1833–1848
     Copie de lettres.

*23...... Correspondance du Chef du Service des
     Chiourmes avec divers 1853
     Copie de lettres.

*24–*41 . Matricule des forçats 1766–1837
     *30 Ce rôle, qui intéresse les forçats arrivés
      au Bagne entre 1789 et l'An IX, a été
      établi en l'An XI. Le numérotage a
      été entièrement changé .... 1789–An IX
                (1789–1801)

     *32 Par suite du changement de numéros fait
      en l'An VI, ce vol. reproduit les matri-
      cules portées au vol. 30 pour les nos 268-
      1001............................... An V–An VIII
                (1796–1800)

     *36 Ce vol., qui comprend les chaînes arrivées
      depuis le 20 messidor an XI (9 juillet
      1803), n'a été ouvert que le 20 nivôse
      an XIII (10 janvier 1805) .... An XI–1812
                (1803–1812)

*42...... Matricule des forçats détenus au bagne
     de Martrou 1822–1829
     Les numéros sont mélangés ; les forçats sont
     rangés par ordre alphabétique. Les dates
     d'arrivée de ces condamnés au bagne de
     Rochefort s'étendent de 1799 à 1823.

*43, *44 . Matricule renouvelée des forçats 1821–1850
     Ces rôles donnent la concordance des numéros
     nouveaux avec les numéros anciens.

*45–*50.. Contrôle des condamnés aux travaux forcés 1840–1846
Ces contrôles fournissent l'origine de chaque forçat, les mouvements, l'argent possédé, les vêtements·délivrés.

*51, *52 . Matricules des punitions des condamnés 1821–1852

*53, *54 . Punitions et récompenses des condamnés...................... 1839–1849

*55...... Procès-verbaux de réception des condamnés.................. 1845–1852

*56...... Procès-verbaux d'évasions et de réingration 1845–1848

*57...... Registre spécial des évadés et des extraits................... 1841–1852

*58...... Condamnés extraits du bagne. Procès-verbaux de sortie et de réintégration 1841–1852

*59...... Ordres de libération 1824–1839

*60–*62.. Procès-verbaux de libération et de déclaration de résidence.......... 1840–1852

*63...... Libération. Procès-verbaux de sortie définitive du bagne............. 1841–1852

*64...... Registre de libération des condamnés.. 1834–1845

*65...... Grâces accordées aux condamnés. Procès-verbaux de sortie 1841–1851

*66...... Rôle des condamnés admis à faire partie de la Salle d'épreuve 1839–1851

*67...... Paiements des bas-officiers des chiourmes 1766–1782

*68...... Matricule des Agents de surveillance des chiourmes 1811–1852

*69, *70 . Matricule des gardes-chiourmes 1820–1852
*69 Table alphabétique à la fin du vol...... 1820–1828

*71, *72 . Dépenses du bagne 1828–1852
*71 Donne les dépenses relatives à la police secrète du bagne...................... 1828–1852

*73...... Livre de caisse : argent reçu par les condamnés 1850–1852

*74...... Habillement des condamnés 1848–1850

*75, *76 . Procès-verbaux de recette 1830-1849

77, 78 ... Pièces diverses relatives aux chiourmes
avant la création du bagne de Roche-
fort 1715-1739
Transport de condamnés, envois aux galères,
journaliers de Québec condamnés, etc.

79-85.... Pièces diverses intéressant le bagne de
Rochefort..................... 1767-1850
Règlements ; signalements ; actes de décès ;
rectification de noms ; conduite de forçats ;
discipline, etc...
79 Entre autres : arrêt du Conseil d'Etat don-
nant à l'Intendant les pouvoirs nécessaires pour la création d'une Chiourme
à Rochefort 1767
34 Etat du personnel administratif. Dépenses
secrètes 1844

2 O. — Maisons d'arrêt, de justice, de correction.
1719-1903

*1, *2 ... Ordres du P. M. 1890-1902
Copies faites par le Service des Prisons. Deux
cahiers petit format, tables en fin.

*3-*87 . . Contrôles nominatifs des détenus à la
prison maritime de Rochefort 1877-1903
Ces vol. donnent les mutations et mouvements
des détenus et le compte courant de leurs
fonds particuliers. Ils indiquent, pour la
plupart, le motif de la détention.
Table en fin de chaque vol.

*88-*93.. Contrôles des détenus à la Maison d'arrêt et à la maison de justice 1874-1903

*94, *95 . Registres de moralité des détenus 1874-1888

*96-*99.. Registres de punitions des détenus .. 1875-1902
Tables en fin de chaque vol. sauf 99.

*100-*108 Dépôts faits par les détenus à leur
entrée à la prison 1876-1903

*109..... Contrôle de la dette flottante........ 1873-1888
Ce contrôle nominatif fournit d'intéressants
renseignements sur les détenus.

*110..... Catalogue de la Bibliothèque de la prison 1887–1903
Donne pour chaque ouvrage l'indication des emprunts faits par les détenus.

*111..... Catalogue-Inventaire de la Bibliothèque 1887–1903
Récapitulation en fin du vol.

*112..... Registre de l'Ecole élémentaire 1885–1888

*113..... Registre des procès-verbaux 1881–1901

*114, *115 Enregistrement des plis envoyés par le Service des prisons au Ministre et aux divers Services 1892–1902

*116, *117 Contrôles nominatifs des Surveillants des prisons maritimes 1873–1903
Table en fin du vol. 116.

*118..... Registre d'écrou des insurgés de 1871 détenus sur la *Foudre* 1871, 1872
Table en fin du vol.

*119..... Registre d'écrou des insurgés de 1871 détenus sur la *Pandore* 1871, 1872

*120..... Registre d'écrou des insurgés de 1871 détenus sur l'*Iphigénie* 1871
Table en fin du vol.

*121..... Registre d'écrou des insurgés de 1871 détenus sur l'*Orne* 1871
Table en fin du vol.

*122, *123 Contrôle des insurgés de 1871 détenus sur la *Foudre*, l'*Iphigénie*, l'*Orne*, la *Pandore*, aux forts Enet, Boyard, Madame et à l'hôpital maritime .. 1871, 1872
Les noms des détenus sont rangés par ordre alphabétique.

124–132.. Pièces diverses provenant de la prison maritime 1719–1903
124 Entre autres : habillement des filles pri-sonnières destinées aux Colonies 1719
125 Ordre d'écrou à la Prison de dix prêtres destinés à la déportation............. An II
Inventaire de la Prison 1806
129 Correspondance et pièces nominatives

intéressant les détenus transférés à Rochefort pour la déportation 1891

130 Entre autres : rapport sur le Service médical de la Prison 1894

132 Entre autres : états numériques des registres d'écrou remis au magasin de la Flotte pour être envoyés à Toulon.... 1903

3 O. — **Conseils de guerre, de justice, etc.**

1810-1821

*1, *2 ... Jugements des Conseils de guerre réunis à Rochefort, avec les plaintes et les informations 1810-1811

Répertoire en fin de chaque vol.

*3....... Amendes et frais de procédure des tribunaux et Conseils de guerre 1818-1821